AF336101

CATALOGUE

DE

BONS LIVRES

ANCIENS ET MODERNES

PROVENANT DE LA BIBLIOTHÈQUE

de M. G.,

*Dont la Vente se fera le Lundi 24 Mars 1862
et jours suivants,*

à **SEPT HEURES** précises de relevée,

Rue des Bons - Enfants, 28,

(SALLE N° 2),

Par le ministère de M° **FOURNEL**, commissaire-priseur,
Rue de l'Échiquier, 40.

PARIS

J. F. DELION, LIBRAIRE, SUCCESSEUR DE R. MERLIN,
QUAI DES AUGUSTINS, 47.

—

1862

ORDRE DES VACATIONS.

1re *Vacation : Lundi 24 Mars 1862.*

Sciences..............................	N^{os}	26 à	51
Omissions	—	387 —	431
Voyages.—Histoire ancienne..............	—	184 —	207
Histoire étrangère......................	—	315 —	348

2e *Vacation : Mardi 25.*

Linguistique.—Littérature................	—	87 —	183
Biographie, etc........................	—	349 —	356
Histoire des villes et provinces	—	275 —	314

3e *Vacation : Mercredi 26.*

Théologie, etc.........................	—	1 —	25
Beaux-Arts...........................	—	52 —	86
Histoire de France.....................	—	208 —	274
Polygraphie...........................	—	357 —	386

4e *Vacation : Vendredi 28.*

N° 432. — Cuivres, pierres et exemplaires tirés de l'atlas didactique de Géographie, par M. Letronne.

Plus environ 3000 volumes de bons ouvrages, que le temps n'a pas permis d'insérer dans ce catalogue, et qui seront vendus par lots.

CONDITIONS DE LA VENTE :

Il y aura, chaque jour de vente, exposition de 1 à 3 heures.

Les livres vendus devront être collationnés sur place, dans les 24 heures de l'adjudication. Passé ce délai, ou une fois sortis de la salle de vente, ils ne seront repris pour aucune cause.

Les articles au-dessous de 12 francs ne seront admis à rapport que dans les cas où ils seraient incomplets par enlèvement de feuillets ou de portion de feuillet emportant du texte; ils ne seront pas repris pour taches, mouillures, déchirures, piqûres ou autres défectuosités.

Le libraire chargé de la vente recevra les commissions des personnes qui ne pourraient y assister.

Les adjudicataires payeront, en sus des enchères,
5 centimes par franc.

CATALOGUE

DE

BONS LIVRES

ANCIENS ET MODERNES.

THÉOLOGIE.—HISTOIRE DES RELIGIONS.

1. Cérémonies et coutumes religieuses de tous les peuples du monde, avec les figures de Bernard Picart. *Paris, Prudhomme*, 1807-09, in-fol. tom. 1 à 9, cart.

2. Explication de divers monuments singuliers qui ont rapport à la religion des plus anciens peuples (par le P. Dom Martin). *Paris*, 1739, in-4, fig., dem.-v., n. rog.

3. Le Nouveau Testament, trad. en françois. *Mons, G. Migeot*, 1672, pet. in-8, 2 part. en 1 vol., mar. rou., fil., tr. dor.

4. Les Evangiles, trad. par Lamennais. *Paris, Pagnerre*, 1846, in-8, br.

5. Missale romanum Pii V, P. M. jussu editum, cum Kalendario Gregoriano accommodatum. *Venetiis, ap. Juntas*, 1586, in-fol., fig. sur bois, v. ant.

6. Kempis commun, ou les quatre livres de l'Imitation de J. G. *Amst., Wetstein*, 1701, pet. in-12, fig., v.

7. De la collection des Traités religieux publ. par M. Silvestre de Sacy. *Paris, Techener*, 1854-58, in-18, pap. de Holl., mar. rou. fig., tr. dor. :

    1° Imitation de J. Christ. 1 vol.

    2° Introduction à la vie dévote. 2 tom. en 1 vol.

    3° Lettres de piété et de dévotion, par Bossuet. 2 vol.

4° Lettres spirituelles de Fénelon. 3 vol.

5° Petits traités de Morale, par Nicole. 1 vol.

6° Traités de morale chrétienne, par Duguet. 2 vol.

8. Occasio arrepta, neglecta, hujus commoda, illius incommoda, auct. R. P. Joa. David. *Antuerpiæ, Plantin,* 1605, in-4, fig. de Galle, cuir de Russie, fil.

9. Œuvres complètes de Massillon, *Paris, Raymond,* 1821, in-8, 13 vol., br.

---

10. Sulpitii Severi opera, *Lugd.-Bat., ex off. Elzev.,* 1645, pet. in-12, mar. bl., fil., tr. dor.

11. A. Gallandii de vetustis canonum collectionibus dissertationum sylloge. *Venetiis,* 1778, in-fol., br.

12. Epistolæ Romanorum PP. et quæ ad eos scriptæ sunt, a S. Clemente I usque ad Innocentium III, studio et labore P. Coustant. *Paris.,* 1721, in-fol., bas.
Tome Ier, le seul qui ait paru.

13. Histoire de la Papesse Jeanne, tirée de Spanheim, (par J. Lenfant). *La Haye,* 1758, in-12, fig., 2 vol., br.

14. Il Nepotismo di Roma. (*Olandia, Elzev.*), 1667, pet. in-12, 2 part. en 1 vol., mar. viol., fil., tr. dor.

15. Mémoires pour servir à l'histoire de la fête des foux, qui se faisoit dans les églises, par du Tilliot. *Lausanne,* 1751, in-12, fig., v. m.

16. Les Couvents, par L. Lurine, illustrés par Tony Johannot. *Paris, Mallet,* 1846, in-8, br.

17. Le Secret de Rome au xixᵉ siècle, par Eug. Briffault. *Paris, Boizard,* 1846, gr. in-8, fig., br.

18. Icones operum misericordiæ, cum J. R, Hortini sententiis et explicationibus. *Romæ,* 1586, pet. in-fol., fig., parch.

19. Histoire des ordres royaux, hospitaliers-militaires de N. D. du Mont-Carmel et de St-Lazare de Jérusalem, par Gautier de Sibert. *Paris, I. R.,* 1772, in-4, fig., v. m.

20. Histoire des tromperies des prestres et des moines, dé-

crite dans un voyage d'Italie, par d'Emiliane. *Rotterd.*,
1719, in-12, 2 vol., v., fil.

21. L'Alcoran des Cordeliers, tant en latin qu'en françois, avec
les figures de Bern. Picart. *Amst.*, 1734, in-12, 2 vol., v.

22. Mémoires de Luther, trad. et publ. par Michelet. *Paris*,
1854, in-8, 2 vol., br.

23. Theologia naturalis, sive liber creaturarum, specialiter
de homine et natura ejus, a ven. Raymundo de Sabunde.
Daventrie, per Richardum Paffroed (s. a.) (circa 1484), in-
fol., n. chif. dem.-rel.

24. Précis historique de l'ordre de la Franc-Maçonnerie,
suivi d'une biographie des membres de l'ordre. *Paris,
Rapilly*, 1829, in-8, 2 vol. dem.-rel.

25. Manuel maçonnique, ou Tuileur des divers rites de ma-
çonnerie pratiqués en France. *Paris*, 1830, in-8, fig., br.

SCIENCES.

26. Cours de philosophie générale, par Azaïs. *Paris*, 1824,
in-8, 8 vol. dem.-v.

27. Œuvres d'Helvétius. *Paris, V* Lepetit*, 1818, in-8,
3 vol. dem.-v., n. rog.

28. Œuvres philosophiques de Maine de Biran, publ. par
V. Cousin. *Paris, J. Renouard*, 1841, in-8, 3 vol., br.

29. Les Essais de Montaigne, avec les notes de P. Coste.
Paris, 1726, in-4, 3 vol., v.

30. De la Sagesse, trois livres, par Charron. *Amst., L. et D.
Elzev.*, pet. in-12, mar. rou., fil., tr. dor.

31. Les Fables d'Esope, trad. par de Bellegarde. *Amst., P.
Mortier*, 1708, pet. in-8, fig., 2 vol. dem.-mar.

32. The Fables of Æsop, with 112 engravings (by Brom-
ley, Landseer, etc.). *London, for Stockdale*, 1793, gr.
in-8, 2 vol. cart.

33. Pensées, réflexions et maximes, par Daniel Stern, sec-
édit. *Paris, Techener*, 1856, in-18, br.

34. A Hand-book of Proverbs, collected by H. G. Bohn. *London, Bohn*, 1857, in-12, percal.

35. Cours complet d'Economie politique pratique, par J. B. Say. *Paris, Guillaumin*, 1840, gr. in-8, 2 vol., br. gr. in-8, fig., 2 vol., dem.-ch.

36. Histoire des mathématiques, par Montucla. *Paris*, 1758, in-4, fig., 2 vol., v. m.

37. Art de la guerre, par le maréchal de Puységur. *Paris*, 1749, in-4, fig., 2 vol., bas. — Essai sur l'art de la guerre, par le comte Turpin de Crissé. *Paris*, 1754, in-4, fig., 2 vol., bas.

38. L'École de Mars, ou Mémoires instructifs sur toutes les parties qui composent le corps militaire en France, par de Guignard. *Paris*, 1725, in-4, fig., 2 vol., v.

39. Cours complet de météréologie, par Kaemtz, trad. par Martins. *Paris*, 1858, in-12, fig., br.

40. Histoire naturelle de la France méridionale, par l'abbé Giraud-Soulavie. *Paris*, 1780, in-8, fig., 7 vol., v.

41. Plantæ per Galliam, Hispaniam et Italiam observatæ, iconibus æneis exhibitæ a Jac. Barreliero, editæ cura et studio Ant. de Jussieu. *Paris.*, 1714, in-fol., fig. (1,400), dem.-rel.

42. Plantes du comté de Nice. Herbier artificiel réuni en 3 vol. in-fol.

43. Cours complet d'agriculture. *Paris, Garnier*, 1846, in-8, fig., 19 vol., br.

44. Des Semis ou plantations des arbres et de leur culture, par Duhamel du Monceau. *Paris*, 1835, in-4, fig., br.

45. Guide de la culture des bois, ou Herbier forestier, par Duchesne. *Paris*, 1826, gr. in-8 et atlas in-fol. de 64 pl., dem.-rel.

46. Les Délices de la campagne, suite du Jardinier françois, où est enseigné à préparer pour l'usage de la vie tout ce qui croist sur la terre et dans les eaux. *Paris, P. des*

Hayes, 1656, pet. in-12, fig., mar. rou., dent., tr. dor.

47. Traité de la cavalerie, par le comte Drummont de Melfort. *Paris*, 1776, in-fol., fig., mar. rou., tr. dor., et atlas gr. in-fol., v. m.

48. Traité général des pesches, par Duhamel du Monceau. *Paris*, 1769, in-fol., fig., 40 sections en 6 vol., br.

49. Des Hermaphrodites, accouchemens des femmes, et traitement qui est requis pour les relever en santé et bien élever leurs enfans, par J. Duval. *Paris*, 1612, pet. in-8, fig., vél.

50. Les admirables Secrets d'Albert le Grand. *Cologne*, 1703, pet. in-12, fig., cuir de Russie, fil., tr. dor.

51. L'Astrologie et Physiognomie en leur splendeur, par J. Taxil. *Tournon*, 1613, in-8, parch.

BEAUX-ARTS ET ARTS DIVERS.

52. Dictionnaire des beaux-arts, par Millin. *Paris*, 1838 in-8, 3 tom. en 6 vol., br.

53. Storia delle arti del disegno presso gli antichi di Giov. Winkelmann, trad. da C. Fea. *Roma*, 1783, in-4, fig., 3 vol. br.

54. La Perspective pratique (par le P. Dubreuil). *Paris*, *Tavernier*, 1642, in-4, fig., vél.

55. Entretiens sur les vies et les ouvrages des plus excellens peintres et architectes, par Félibien. *Paris*, 1696, in-4, 3 vol., v.

56. Rubens et l'École d'Anvers, par Alf. Michiels. *Paris*, 1854, in-8, br. — Catalogue des tableaux et dessins de Rubens, avec l'indication des endroits où ils se trouvent, par le même. *Ib.*, 1854, in-8, br.

57. Études sur l'Allemagne, contenant une histoire de la peinture allemande, par A. Michiels. *Bruxelles*, 1845, in-8, 2 vol., br.

58. Musée de Versailles, avec un texte historique, par Th. Burette. *Paris, Furne*, 1844, in-4, fig., 3 vol., dem.-ch.

59. Galerie des maréchaux de France, par Ch. Gavard. *Paris*, 1839, gr. in-8, 42 portraits, cart.

60. Souvenir d'une promenade à Versailles. *Paris, Gavard*, s. d., 51 pl. in-fol., dem.-mar.

61. Lectures on the art of engraving, by J. Landseer. *London*, 1807, in-8, v. ant.

62. A Treatise on wood engraving historical and practical, with upwards of three hundred illustrations engraved on wood, by J. Jackson, sec. edit. *London, Bohn*, 1861, gr. in-8, cart. en percal.

62 *bis*. Richter-Album. *Leipzig, G. Wigand*, 1851, gr. in-8, 2 vol., percal.

Recueil de charmantes gravures sur bois.

63. L'Alphabet de la Mort de Hans Holbein, entouré de de bordures du xvi° siècle, et publ. par Anat. de Montaiglon. *Paris*, 1856, in-8, cart. en percal.

64. Les Illustres modernes, ou tableau de la vie privée des principaux personnages des deux sexes. *Paris, Leroy*, 1788, 100 portraits en 2 vol. in-fol., dem.-rel.

65. Cent portraits sur chine des personnages les plus célèbres, gravés d'après les dessins de Desenne. *Paris*, 1856, gr. in-8.

66. Soixante-dix vignettes et portraits pour les œuvres de Voltaire, d'après Desenne. *Paris, Ménard et Desenne*, 1826, gr. in-8, 16 livr.

67. Voyage à ma fenêtre, par Arsène Houssaye. *Paris, V. Lecou*, s. d., gr. in-8 illustré, dem.-ch.

68. Voyage où il vous plaira, illustré par Tony Johannot. *Paris, Hetzel*, 1843, gr. in-8, dem.-rel.

69. Les Papillons, métamorphoses terrestres des peuples de l'air, par Am. Varin, texte par E. Nus et A. Meray. *Paris, G. de Gonet*, s. d., gr. in-8, fig. color., 2 vol. cart., orn. sur les plats, tr. dor.

70. Napoléon Ier et la Garde impériale, texte par Fieffé, dessins par Raffet. *Paris, Furne,* 1859, in-4, 20 pl., color. br.

71. Album des Mémoires du roi Joseph, dessins de M. Yung, gravés par Rouargue et Lalaisse. *Paris, Corréard, s. d.,* 20 pl. in-fol., dem.-rel.

72. Album de l'Expédition romaine, texte et dessins par Ch. Vertray. *Moulins,* 1853, in-fol., pl. (14) et 4 cartes, br.

73. Paris-Londres. Keepsake français. *Paris, Delloye,* 1837, in-8, fig., mar. citr., tr. dor.

74. Six quartiers de Paris, — Vues de Paris, — Les Grisettes, etc., dessinés par H. Monnier. *Paris, Delpech,* 1828, in-4 obl., fig. color. (38), dem.-rel.

75. Vues pittoresques de l'Écosse, dessinées par Pernot, avec un texte, par Am. Pichot. *Bruxelles,* 1827, gr. in-4, fig. sur chine, dem.-rel., n. rog.

76. Recueil de décorations intérieures ayant rapport à l'ameublement, par Percier et Fontaine. *Paris,* 1812, in-fol., 72 pl., cart.

77. Manuale di varj ornamenti tratti dalle fabbriche, e frammenti antichi, da C. Antonini. *Roma,* 1781, pet. in-fol., 100 pl. en 2 vol., dem.-rel.

78. Le Palais de Scaurus, par Mazois, 2e édit. *Paris,* 1822, in-8, fig. bas., fil.

79. Architecture toscane, par Grandjean de Montigny et Famin. *Paris,* 1815, in-fol., 109 pl., dem.-rel.

80. Palais, maisons et autres édifices modernes, dessinés à Rome par Percier et Fontaine. *Paris,* 1798, in-fol., 100 pl., cart.

81. Rural architecture, or a series of designs for ornamental cottages, by Robinson, fourth edit. *London, Bohn,* 1836, gr. in-4, 96 pl., dem.-mar., n. rog.

82. Castelli e Ponti di Nic. Zabaglia, con la Descrizione

del trasporto dell' Obelisco Vaticano, e di altri del cav.
Dom. Fontana. *Roma*, 1743, in-fol., 60 pl., dem.-rel.

---

83. Dictionnaire de l'industrie, par Blanqui, etc. *Paris,
Baillière*, 1833-41, in-8, fig., 10 vol., dem.-mar.
84. De Paul Lacroix et F. Seré : Histoire de l'orfévrerie-
joaillerie.—Histoire de l'imprimerie.—Histoire des cor-
donniers.—Histoire des hôtelleries, cabarets, etc. 2 vol.,
ens. 5 vol. gr. in-8, fig., br.
85. Apicii Cœlii de re coquinaria lib. X, cum annot.
Mart. Listeri. *Amst.*, 1709, pet. in-8, v.
86. Cento givochi liberali et d'Ingegno, invent., da M. In-
noc. Ringhieri. *Bologna*, 1551, in-4, cart.

LINGUISTIQUE.

87. Dictionnaire de l'Académie française, 6ᵉ édit. *Paris,
F. Didot*, 1835, in-4, 2 vol., dem.-mar.
88. Dictionnaire comique, satyrique, burlesque, libre et
proverbial, par Leroux. *Amst.*, 1787, in-8, 2 vol., v. m.
89. Dictionnaire françois-breton ou françois-celtique (par
Armerye). *La Haye*, 1756, in-12, v.
90. Asia polyglotta, von J. Klaproth. *Paris.*, 1823, in-4,
et atlas in-fol., br.
91. Dictionnaire hébreu raisonné, par Aug. Latouche.
Rennes, 1845, in-8, br.
92. Chrestomathie mandchou, par Klaproth. *Paris, Impr.
Roy.*, 1828, gr. in-8, br.

LITTÉRATURE.

I. CONTES, ROMANS ET FACÉTIES.

93. Les Mille et Une Nuits, trad. par Galland. *Paris, E.
Bourdin, s. d.*, gr. in-8, fig., 3 vol., dem.-ch.

94. Les Mille et Un Jours, trad. par Pétis de La Croix. *Paris, Pourrat, s. d.,* gr. in-8, fig., dem.-ch.

95. Il Decameron di G. Boccacci, di nuovo ristampato et alla sua vera lezione ridotto da Lion. Salviati. *Venezia,* 1582, in-4, dem.-rel.

96. Les Amours de Psyché et de Cupidon, par de La Fontaine, édition ornée de figures en couleurs, d'après Schall. *Paris, Defer,* 1791, in-4, cart.

97. Le Temple de Gnide, suivi d'Arsace et Isménie, par Montesquieu. *Paris, Didot aîné,* 1796, gr. in-4, pap. vél., fig. color., bas., dent., tr. dor.

98. Amusements des dames, ou Recueil d'histoire galantes. *La Haye,* 1763, pet. in-12, 8 vol., bas.

99. Le Décaméron françois et les nouvelles françoises, par Dussieux, 2e édit. *Paris, Belin,* an VII, gr. in-8, fig. de Caresme et Martini, 5 vol., br.

100. 19 volumes de la collection d'Artois. *Paris, Didot aîné,* 1781, in-18, rel. en v., dont: Télémaque, Lettres persanes et Lettres péruviennes; Tristan de Léonois; Histoire du petit Jehan de Saintré; le prince Gérard, comte de Nevers, etc.

101. Œuvres de mesdames de Lafayette, de Tencin et de Fontaines. *Paris,* 1825, in-8, 5 vol., dem.-v., n. rog. (*Bibolet.*)

102. Œuvres de Tressan, publ. par Campenon. *Paris, Nepveu,* 1823, in-8, fig. avant la lettre, 10 vol. dem.-v.

103. Tarsis et Zélie (par Le Vayer de Boutigny). *Paris, Musier,* 1774, gr. in-8, fig. et vignettes d'Eisen, 3 vol., br.

104. Mémoires du comte de Grammont, par Ant. Hamilton avec les notes *Londres, Edwards* (1792), in-4, pap. vél., dem.-cuir de Russie, tr. dor.
 31 portraits coloriés.

105. Les Avantures de Télémaque, par Fénelon, prem. édit conforme au manuscrit original. *Paris, Delaulne,* 1717, in-12., fig., 2 tom. en 1 vol., mar. rou., fil., tr. dor. (*Il manque le titre du tome II.*)

106. Les mêmes. *Paris, A. A. Renouard,* 1795, in-4, 2 vol., br. en cart.

107. Mémoires de madame la marquise de Fresne. *Amst.,* *s. d.,* 2 part. = Anecdotes galantes et tragiques de la cour de Néron. *Paris,* 1735, in-12, fig., v. f.

108. Histoire de Gil Blas, vignettes par J. Gigoux. *Paris, Paulin,* 1835, gr. in-8, dem-v.

109. Le Diable boiteux, par Le Sage, illustré par Tony Johannot. *Paris, E. Bourdin,* 1845, gr. in-8., dem.-ch., tr. dor.

110. Histoire de Manon Lescaut, illustrée par Tony Johannot. *Paris, E. Bourdin, s. d.,* gr. in-8., br.

111. Jérôme Paturot à la recherche d'une position sociale et de la meilleure des républiques, par M. L. Reybaud, illustré par Grandville. *Paris, Dubochet,* 1848-49, gr. in-8, 2 vol., br.

112. Nouvelles de Mich. de Cervantes. *Amst., Arkstée,* 1768, in-12, fig. de Folkéma, 2 vol., v., fil.

113. Œuvres complètes de Sterne, trad. de l'anglais. *Paris, Ledoux,* 1818, in-8, fig., 4 vol., br.

113 *bis.* The works of Washington Irving. *Paris, Baudry,* 1834, gr. in-8, cart.

114. The same. *London, G. Bohn,* 1859, in-12, 14 vol., percal., n. rog.

---

115. Discours d'aucuns propos rustiques, facétieux et de singulière récréation, ou les ruses et finesses de Ragot, capitaine des gueux, par Noël du Fail. 1732, pet. in-12, v.

116. Cymbalum mundi, ou dialogues satiriques, par Bonav. des Périers. *Amst.,* 1732, pet. in-12, fig., dem.-mar.

117. La fameuse Compagnie de la Lesine ou Alesne, trad. de l'ital. *Paris,* 1604, pet. in-12, 2 vol., v.

118. Les Partisans démasqués. *Cologne, Adrien l'Enclume,* 1709. = Les Tours industrieux, subtils et gaillards de la Maltôte. *Londres,* 1710, pet. in-12, v.

119. Les Jésuites de la maison professe de Paris en belle humeur. *Lions*, 1761, pet. in-12, dem.-mar.

120. Le Postillon, ouvrage historique, critique, politique, moral et galant, etc., pour l'année 1736, par Bruys de Serrieres. *Neu-Wied*, 1736, in-12, v.

121. Simoniana, ou les loisirs d'un chauffeur, à l'usage des oisifs, par Simon (Robbé), 2e édit. *Valenciennes*, an XII, in-12, cart.

122. Les Loix de la galanterie (1664). — La Rvelle mal assortie, par Marguerite de Valois. — La Journée des madrigaux, suivie de la gazette de Tendre, publ. par E. Colombey. *Paris, Aubry*, 1855-56, in-8, 3 vol., cart.

123. Le Nez, les yeux, etc., ouvrages curieux, galans et badins. *Amst.*, 1736, pet. in-8, v., fil.

124. Code de l'amour. *Paris*, 1776, in-12, 2 part. en 1 vol. bas. — L'Art de rendre les femmes fidèles. *Paris*, 1779, in-12, 2 part. en 1 vol., v.

125. Les Priviléges du cocuage, dialogue; ouvrage utile et nécessaire tant aux cornards actuels qu'aux cocus en herbe. *Cologne*, 1708, pet. in-12, v., fil., tr. dor.

126. Aresta amorum, cum erudita Bened. Curtii explanatione. *Lugd., Gryphius*, 1538, in-4, v., fil.

127. Il Raverta, dialogo di messer Gius. Betussi nel quale si ragiona d'amore. *Venetia, G. Giolito*, 1544, pet. in-8, dem. rel.

II. POÉSIE.

128. Poetry and Poets, being a collection of the choicest anecdotes relative to the poets of every age and nation, with a specimen of their works, by R. Ryan. *London, Clarke*, 1830, in-12, fig. et portraits, 3 vol., cart.

129. Œuvres d'Homère (Iliade), trad. par Gin. *Paris, Didot aîné*, 1788, in-4, 4 vol., cart., n. rog.

130. P. Virgilii opera, cum notis varior. *Lugd.-Bat.*, 1680, in-8, 3 vol., vél.

130 *bis*. Q. Horatii opera, illustravit C. G. Mitscherlich. *Lipsiæ*, 1800, in-8, pap. vél., 2 vol., v., fil.

131. P. Ovidii opera, cum notis varior. *Lugd.-Bat.*, 1670, in-8, fig., 3 vol. vél. bl., tr. dor.

132. Les Métamorphoses d'Ovide, trad. en hollandois par Is. Verburg, avec les figures de Bern. Picart. *Amst.*, *Wetstein*, 1732, gr. in-fol., 2 tom. en 1 vol., v.

133. Princesse Liet-boec... Les Héroïdes d'Ovide, trad. en vers hollandais. *Amst.*, 1605. = Nouveau livre de chansons (en hollandais). *Amst.*, 1605, pet. in-8, obl. goth., parch.

134. Cl. Claudiani opera, cum notis D. Heinsii. *Lugd.-Bat.*, *ex off. Elzev.*, 1640, pet. in-12, v.

135. Cl. Claudiani opera, cum notis divers. *Amst.*, 1760, in-4, dem.-rel.

136. La Callipédie, ou la manière d'avoir de beaux enfants, trad. du poëme latin de Cl. Quillet. *Paris*, 1774, in-12, v. ant. fers à froid., tr. dor. (*Vogel*)

---

137. Monumens de la littérature romane, depuis le xıv^e siècle, publ. par Gatien-Arnoult. *Toulouse*, 1841, gr. in-8, 4 vol., br.

138. Des Troubadours et des cours d'amour, par Raynouard, *Paris*, *F. Didot*, 1817, in-8, br.

139. Nouveau recueil de fabliaux et contes inédits des poëtes françois des xıı^e, xııı^e, xıv^e et xve siècles, publ. par Méon. *Paris*, 1823, in-8, 2 vol., v. f.

140. La Légende de maistre Pierre Faifen. *Paris*, *Coustelier*, 1723, pet. in-8, v.

141. Sy est le roman de la Rose, aultrement dit le Songe Vergier. *Paris*, 1526, pet. in-4, goth., fig. sur bois, v. (*Exemplaire fatigué.*)

142. Li Romans de Garin le Loherain, publ. par P. Paris. *Paris*, *Techener*, 1833, in-12, pap. de Holl., 2 vol, cart.

143. Li Romans de Berte aus grans piés, publ. par P. Paris. *Paris, Techener,* 1832, in-12, pap. de Holl., cart.

144. L'Histoire du châtelain de Coucy et de la dame de Fayel, publiée par Crapelet. *Paris,* 1829, gr. in-8, dem.-v.

145. Poésies de Malherbe. *Paris, Didot aîné,* 1797, gr. in-4, pap. vél., dem.-cuir de Russie, n. rog.

146. OEuvres de La Fontaine. *Paris, Peytieux,* 1825, in-8, fig., 5 vol., bas.

147. Fables de La Fontaine, avec un commentaire par Nodier. *Paris, Eymery,* 1818, in-8, fig. de Bergeret, 2 vol., dem.-ch.

147 *bis.* Les mêmes, illustrées par David, etc. *Paris, Morizot, s. d.,* gr. in-8, demi-ch.. tr. dor.

148. Histoire de la vie et des ouvrages de J. de La Fontaine, par Walckenaër. *Paris, Nepveu,* 1824, in-8, gr. pap. vél. fig., br.

149. OEuvres de Boileau, édition enrichie de figures gravées par Bern. Picart. *Lahaye,* 1722, in-12, 4 vol. v. fil.

150. Les mêmes, avec les remarques de M. de Saint-Marc. *Paris, David,* 1747, in-8, fig., 5 vol., v. gr.

151. Recueil des meilleurs contes en vers (par Sautereau de Marsy). *Genève,* 1774, in-8, 2 vol. cart., n. rog.

152. OEuvres du cardinal de Bernis. *Paris, Didot aîné,* an V, in-8, gr. pap. vél., v. f., dent., tr. dor. (*Bozerian.*)

153. OEuvres de Delille, avec une notice sur sa vie par Tissot. *Paris, Furne,* 1832, in-8, 10 vol., br.

154. Las Obros de Pierre Goudelin, augmentados d'uno noubelo Floureto. *Toulouse, P. Bosc,* 1648, in-4, mar. vert, fil., tr. dor. (*Thouvenin.*)

    Bel exemplaire de Ch. Nodier.

155. Les Poëtes gascons : Goudelin, Lesage et Michel de Nismes. *Amst.,* 1700, in-12, 2 vol., v.

156. La Comédie de Dante, trad. en vers selon la lettre et commentée selon l'esprit, par E. Aroux. *Paris, J. Renouard,* 1856, in-8, 2 vol., br. — De l'art en Italie.

Dante Alighieri et la Divine Comédie, par le baron Drouilhet de Sigalas. *Paris, F. Didot*, 1853, in-8, br.

157. Il Petrarca. *Lione, G. Rouillio*, 1564, in-16, fig. sur bois, mar. vert, fil., tr. dor.

158. Il Petrarcha, con l'espositione di G. A. Gesvaldo. *Venetia, Al. Griffo*, 1581, in-4, fig. sur bois, v., fil.

159. Le Rime di Petrarca, brevemente esposte per Lud. Castelvetro. *Venezia, Zatta*, 1756, in-4, fig., 2 vol., parch.

160. Mémoires pour la vie de François Pétrarque, tirés de ses œuvres avec des notes (par l'abbé de Sade). *Amst.*, 1764, in-4, 3 vol., v. m.

161. Paradisus amissus, poema J. Miltoni latine redditum a G. Dobson. *Oxonii*, 1750, in-4, 2 tom. en 1 vol., dem.-v.

162. The poetical works of H. Wadsworth Longfellow. *London, Bohn*, 1861, in-8, vign. sur bois, percal., tr. dor.

163. The book of British ballads, edited by C. Hall. *London, Bohn, s. d.*, in-4, vign. sur bois, percal., tr. dor.

164. Œuvres de Sal. Gessner, trad. de l'allem. *Zuric, l'Auteur*, 1778, in-4, fig. et vign. de Gessner, 2 tom. en 1 vol., cuir de Russie.

165. Les mêmes, trad. en français. *Paris, P. Dupont*, 1827, in-8, pap. vél., fig. de Moreau, 4 vol., dem.-ch.

166. Die synagogale Poesie des Mittelalters, von Dr Zunz. *Berlin*, 1855, in-8, dem.-mar. bl., n. rog.

III. THÉATRE.—CRITIQUE.

167. Plauti comœdiæ viginti, nuper recognitæ et acri judicio Nic. Angelii diligentissime excussæ. *Florentiæ, Ph. de Giunta*, 1514, in-8, vél.

168. L. Ann. Senecæ tragœdiæ, cum notis Gronovii et

varior., recensuit J. Schrœderus. *Delphii*, 1728, in-4,
vél. cordé.

169. Dictionnaire des théâtres de Paris (par les frères Par-
faict). *Paris*, 1756, in-12, 7 vol., v.

170. Règlement pour les comédiens ordinaires du roi.
Paris, P. de Lormel, 1766, in-8, mar. vert, fil., tr. dor.
(*Armoiries.*)

171. Le même (augmenté). *De l'imp. de Ballard*, 1781,
in-8, mar. vert, fil., tr. dor. (*Aux armes.*)

172. Théâtre de P. Corneille, avec des commentaires (par
Voltaire). 1765, in-8, fig. de Gravelot, 12 vol., v. gr.,
fil. (*Armoiries.*)

172 *bis*. OEuvres de J. Racine. *Paris, impr. de Crapelet*,
1811, in-8, fig. de Moreau avant la lettre, 4 vol., v. rac.,
fil., tr. dor.

173. OEuvres de Molière. *Amst., Arkstée*, 1765, pet. in-12,
fig. de Punt, 6 vol., bas.

174. Le Misantrope, com. de Molière. *Suiv. la copie impr. à
Paris (Holl., Elzev.)*, 1674.=L'Amour médecin, par le
même. *Sur l'impr. a Paris, se vend à Amst.*, 1666. =
L'Ombre de Molière, com. (*Holl.*), 1683, etc., pet. in-12,
mar. bl., fil., tr. dor. (*Mouillures.*)

175. OEuvres dramatique de Destouches. *Paris, I. R.*,
1757, in-4, 4 vol., v. m., fil. (*Aux armes.*)

176. OEuvres complètes de Regnard, publ. par A. Michiels.
Paris, 1860, gr. in-8, fig., 2 vol., br.

177. OEuvres de Crébillon. *Paris, Didot jeune*, an VII,
in-8, pap. vél., fig. de Peyron, 2 vol., v. f., dent.,
tr. dor.

178. Proverbes dramatiques de Théod. Leclerq, publ. par
Sainte-Beuve. *Paris*, 1860, in-12, fig., 4 vol., br.

179. Rachel et la tragédie, par J. Janin, orné de dix pho-
tographies. *Paris, Amyot*, 1859, gr. in-8, br.

180. De Castil-Blaze: Molière musicien, 2 vol.—L'Opéra ita-
lien de 1548 à 1856. 1 vol.—L'Académie impériale de mu-
sique, histoire littéraire, musicale, facétieuse, galante, etc.,

de 1645 à 1855. *Paris*, 1852-56, in-8, 5 vol., br.

181. Histoire anecdotique du théâtre, de la littérature, etc., tirée du coffre d'un journaliste, par Ch. Maurice. *Paris, H. Plon*, 1856, in-8, 2 vol., br.

181 *bis*. Opere teatrali et Memorie di C. Goldoni. *Venezia, A. Zatta*, 1788-95, in-8, fig., 47 vol., v. gr. fil.

182. Coleccion selecta del antiguo teatro espanol. *Paris, Schmitz*, 1855, gr. in-8, br.

183. Cours de littérature, par Laharpe. *Paris, F. Didot,* 1821, in-8, 16 vol., dem.-v., n. rog. (*Bibolet.*)

HISTOIRE.

I. VOYAGES.—HISTOIRE ANCIENNE.

184. Abrégé de l'Histoire générale des voyages, par Laharpe. *Paris, Ledoux,* 1820, in-8, 24 vol., dem.-v.

185. Voyages du capitaine Cooke, avec sa vie. *Paris,* 1778, in-4, fig. et cartes, 13 vol., cart. à la Bradel.

186. Voyage de La Pérouse autour du monde, publ. par Milet-Mureau. *Paris,* 1797, in-4, 4 vol., cart.—Voyage à la recherche de La Pérouse, par Labillardière. *Paris,* an VIII, in-4, 2 vol., dem.-rel., n. rog.

187. Le Tour du monde, nouveau journal des voyages, publ. par Ed. Charton. *Paris, Hachette,* 1860, in-4, illustré, 2 vol., br.

188. Atlas historique, par Gueudeville, avec un supplément par de Limiers. *Amst.*, 1721, in-fol., fig., 7 vol., v.

189. Les Chroniques de Jean Carion, trad. par Me Jean le Blond. *Paris, J. Ruelle,* 1553, in-16, v. ant., plats estampés, tr. dor.

190. Discours sur l'histoire universelle, par Bossuet. *Paris, Didot aîné,* 1784, in-18, pap. vél., 4 vol., mar. rou., fil., tr. dor.

191. Discours sur l'histoire universelle, par Bossuet. *Paris,
     Furne,* 1847, gr. in-8, fig., dem.-ch.

192. Abrégé de l'histoire universelle en figures, ou Recueil
     d'estampes représentans les sujets les plus frappans de
     l'histoire tant sacrée que profane, par Vauvilliers,
     dessinées par Monnet, gravées par Duflos. *Paris,* 1785,
     in-4, 5 vol., v. fil., tr. dor.

193. Études sur l'histoire universelle, romaine et du moyen
     âge, par Arbanère. *Paris, F. Didot,* 1846, in-8,
     8 vol., br.

194. De la Prostitution en Europe, par Rabutaux, publ.
     par P. Lacroix et Ferd. Séré. *Paris,* 1851, in-4, fig., br.

195. Archéologie égyptienne, par de Goulianof. *Leipsig,*
     1839, in-8, 3 vol., br.

196. Nouvelle explication des hiéroglyphes des Égyptiens
     et des Grecs, par Al. Lenoir. *Paris,* 1810, gr. in-8, fig.,
     4 vol., br.

197. Pierres antiques gravées, sur lesquelles les graveurs
     ont mis leurs noms, grav. par Bern. Picart. *Amst.,* 1724,
     gr. in-fol., fig., v.

198. Les trois premiers Livres de l'histoire de Diodore
     Sicilien, trad. par Ant. Macault. *Paris, Ch. les Angeliers,*
     1541, pet. in-8, v. dent., tr. dor.

199. Histoire des Rois de Thrace et de ceux du Bosphore
     Cimmérien, éclaircie par les médailles, par Cary. *Paris,*
     1752, in-4, fig., v. m.

200. Titi Livii Historiarum libri, ex recens. Gronovii. *Lugd.-
     Bat., ex off Elzev.,* 1654, pet. in-12, 3 vol., v.

201. T. Livius, cum notis varior. *Amst., D. Elzev.,* 1679,
     in-8, 3 vol. v.

202. Les Commentaires de Jules César, translatez par noble
     homme Estiene de Laigue dict Beauvoys. *Paris, les Ange-
     liers,* 1539, in-16, 2 vol., mar. rou., tr. dor.

203. Histoire des Empereurs romains, par Crevier. *Paris,*
     Ledoux, 1818, in-8, 6 vol., dem.-v. (*Bibolet.*)

204. Sabine, ou Matinée d'une dame romaine à sa toilette, trad. de l'allem. de Bœttiger. *Paris, Maradan*, 1813, in-8, fig., br.

205. The history of the decline and fall of the Roman Empire, by Edw. Gibbon. *Oxford Talboys*, 1827, in-8, 8 vol. br.

206. Histoire de la décadence et de la chute de l'Empire romain, trad. de l'angl., de Gibbon, par Guizot. *Paris, Lefèvre*, 1819, in-8, 13 vol., br.

207. Histoire des Wandales, par Louis Marcus. *Paris*, 1836, in-8, br.

II. HISTOIRE DE FRANCE.

A. GÉNÉRALE ET PARTICULIÈRE.

208. Atlas physique, politique et historique de l'Europe, par Denaix, dessiné et gravé par R. Wahl. *Paris, Dutacq*, 1855. gr. in-fol., cart.

209. Bibliothèque historique de la France, par le P. Lelong. *Paris*, 1719, in-fol., cart.

210. Les Annales et croniques de France, composées par Nic. Gilles, annotées par Denis Sauvage. *Paris, J. Foucher*, 1550, in-fol., fig. sur bois, v. ant., estampé.

211. Histoire de France, avec les pourtraicts des roys jusques au roy Henry IV. *Paris, Dav. Leclerc*, 1605, pet. in-8, dem.-mar.

212. Histoire de France, par Anquetil. *Paris, Janet et Cotelle*, 1817, in-8, 10 vol., dem. v. (*Bibolet.*)

213. Le Plutarque français, vies des hommes et femmes illustres de la France, publié par Mennechet. *Paris, Crapelet*, 1835, gr. in-8, fig. color., 4 vol., dem.-v.

214. Mémoires pour servir à l'histoire de France et de Bourgogne, contenant un journal de Paris, sous les règnes de Charles VI et de Charles VII, etc. *Paris*, 1729, in-4, v. m.

245. Les Mémoires de Philippe de Commines, reveus par
Denis Sauvage. *Paris, Galiot du Pré,* 4564, in-fol.,
dem.-mar.

216. Mémoires de Marguerite de Valois. *Liége,* 4713, pet.
in-8, v., fil.

217. 18 pièces, pet. in-8, sur l'Histoire de France, de 4567
à 1643.

218. Recueil de diverses pièces servant à l'histoire de
Henry III. *Cologne, P. du Marteau (Elzev.),* 1663, pet.
in-12, v., fil.

249. Le même. *Cologne,* 4699, pet. in-8, 2 vol., v. f.,
tr. dor.

220. Satyre Menippée. *Ratisbonne,* 1714, pet. in-8, fig.,
3 vol., dem.-mar.

221. Satyre Menippée, publ. par Ch. Nodier. *Paris, De-
langle,* 1824, in-8, pap. vél., fig. sur chine, 2 vol.,
dem.-v.

222. Histoire du roy Henry le Grand, par Hardouin de
Péréfixe. *Paris, Dan. Elzev.,* 4678, pet. in-12, mar. vert,
fil., tr. dor.

223. L'Education de Henry IV, par D***. *Paris, Duflos,*
1790, in-8, fig. de Marillier, 2 vol., cart.

224. Mémoires ou OEconomies royales d'État domestiques,
politiques et militaires de Henry le Grand, par le duc de
Sully. *Amst.,* 1725, pet. in-12, 42 vol., v.

225. Mémoires de Sully (publ. par l'abbé de l'Ecluse).
Londres, 4747, in-4, 3 vol., v.

226. Les Négociations de M. le président Jeannin. *Jouxte la
copie de Paris (Holl., Elzev.),* 1659, pet. in-12, 2 vol.,
vél.

227. 25 pièces in-8, sur l'Histoire de France, publ. au comm.
du XVII° siècle.

227 *bis.* Correspondance de François de la Noue, surnommé

Bras de fer, avec des notes et la vie de ce grand capitaine, par Kervin de Volkaesbeke. *Gand*, 1854, in-8, br.

228. Mémoires du Mareschal de Bassompierre. *Cologne, P. du Marteau (Elzev.)*, 1665, pet. in-12, 2 vol., vél.

229. Histoire du Mareschal de Toiras, par le sr M. Baudier. *Paris*, 1644, in-fol., v. f.

230. Histoire de la vie du duc d'Espernon. *Paris, Aug. Courbé*, 1655, in-fol., v.

231. Histoire du Mareschal de Matignon, par de Caillière. *Paris, Courbé*, 1661, in-fol., v. (*Fatigué.*)

232. Histoire de France sous Louis XIII et sous le ministère du card. Mazarin, par Bazin. *Paris, Chamerot*, 1846, in-12, 4 vol., dem.-ch.

233. Recueil des pièces les plus curieuses qui ont esté faites pendant le règne du connestable de Luyne. Pet. in-8, v., fil. (*Titre doublé.*)

234. Mémoires du cardinal de Retz. *Amst., J. F. Bernard*, 1731, pet. in-8, 4 vol., v. gr., fil.

235. Nouveaux portraits de la famille royale, des ministres et des principales personnes de la Cour de France. *Villefranche, Paul Pinceau*, 1706, pet. in-12, v.

236. Mémoires du Sr de Pontis. *Amst.*, 1694, pet. in-12, 2 tom. en 1 vol., v.

236 *bis*. Ordonnances de Colbert et autres concernant les manufactures et bâtiments.

Pièces du temps, imprimées et manuscrites.

237. 25 pièces sur le Système de Law, dont une manuscrite: *Imposition sur les riches, du système à titre de capitation extraordinaire*. Jugements, affiches et placard concernant la vente, par justice, des immeubles, terres et châteaux, ameublements, bibliothèque, etc., appartenant au sr Jean Law, tant à Paris qu'en Normandie, etc.

238. Manuscrits divers : Etats du régiment des gardes françoises, pour la revue du roi, en 1722. In-12, mar. rou., aux

armes d'Orléans. — Etats des officiers… suisses à la revue du roi, en 1722. — Dépenses de la marine et des
colonies, pour 1789 (avec dessin à la plume) et trois autres
pièces manuscrites snr les régiments.

239. Le Gazetier cuirassé, ou anecdotes scandaleuses de la
Cour de France (par le s^r de Morande. *Impr. à cent lieües de
la Bastille*, 1771.⹀Mélanges confus sur des matières fort
claires, par le même. *Impr. sous le soleil, s. d.*, in-8, bas.

240. Les Révélations indiscrètes du xviiie siècle, par le card.
de Bernis, Bossuet, la marquise du Châtelet, etc. (publ.
par Auguis). *Paris*, 1814, in-18, br.

241. Mémoires concernant l'affaire du Collier. 28 pièces
avec la planche du collier et 2 portraits, in-4, 2 vol.,
dem.-rel.

242. Souvenirs de Léonard, coiffeur de la reine Marie-
Antoinette. *Paris*, 1838, in-8, 4 vol., dem.-v.

243. Révolutions de Paris, par Prudhomme. *Paris*, 1792,
in-8, fig., 225 n^{os} en 17 vol., cart.

244. Histoire de la Révolution française, par Thiers. *Paris,
Lecointe*, 1823-27, in-8, 10 vol., br.
      Première édition, rare.

245. La même, 8e édit. *Paris*, 1839, gr. in-8, fig., 4 vol.,
dem.-rel.

246. Histoire générale de la Révolution française, par L.
Vivien. *Paris, Pourrat*, 1841, gr. in-8, 4 vol., dem.-ch.

247. Histoire de la Révolution française de 1789, par Vil-
laumé, 3e édit. *Paris*, 1851, gr. in-8, fig., dem.-ch.

248. Histoire de la Révolution française, 1789-99, par
Barrau. *Paris, Hachette*, 1857, in-18, br.

249. Histoire générale et impartiale des erreurs, des fautes et
des crimes commis pendant la Révolution française, par
Prudhomme. *Paris*, an V, in-8, fig., 6 vol., dem.-rel.
(*Fatigués.*)

250. Procès fameux jugés depuis la Révolution, contenant
le détail des circonstances qui ont accompagné la con-

damnation des grands criminels, et des victimes qui ont péri sur l'échafaud, par Desessarts. *Paris*, an VII, in-12, 10 tom. en 5 vol., dem.-rel.

251. Choix de rapports, opinions et discours prononcés à la Tribune nationale depuis 1789. *Paris, Eymery*, 1820, in-8, 21 vol., dem.-v. f. (*Bibolet.*)

252. Mémoires tirés des papiers d'un homme d'État, sur les causes secrètes qui ont déterminé la politique des cabinets dans les guerres de la Révolution (par Capefigue). *Paris, Michaud*, 1834-38, in-8, 13 vol., dem.-v.

253. L'Europe pendant la Révolution française, par Capefigue. *Paris*, 1843, in-8, 4 vol., br.

254. Mémoires des contemporains : Fain (Man. de 1814), Gohier, Rapp, Choiseul. *Paris, Bossange*, 1834, in-8, 5 vol., dem.-v. f.

255. Histoire de Napoléon, par de Norvins. *Paris*, 1839, gr. in-8, fig., 2 vol., dem.-rel.

256. Histoire de Napoléon, par Laurent de l'Ardèche, illustré par H. Vernet. *Paris, Dubochet*, 1840, gr. in-8, mar. gren., tr. dor.

257. Victoires et Conquêtes (Campagnes d'Italie). *Paris, F. Didot*, 1854, in-8, 2 vol., br.

258. Mémorial de Sainte-Hélène, par de Las-Cases. *Paris*, 1823, in-8, 8 vol., dém.-v.

259. Recueil de pièces authentiques sur le Captif de Sainte-Hélène, par le maréchal Bertrand, Las-Cases, etc. *Paris*, 1821, in-8, 10 vol., dem.-v.

260. Histoire de Napoléon et de la Grande Armée pendant 1812, par le comte de Ségur, 3ᵉ édit., avec l'examen, par Gourgaud. *Paris*, 1825, in-8, 3 vol., dem.-v., n. rog.

261. Narrative of events during the invasion of Russia by Napoleon and the retreat of the French army 1812, by gen. sir Rob. Wilson, sec. edit. *London, Murray*, 1860, in-8, cartes, perc.

262. Napoléon et Marie-Louise, souvenirs historiques de M. le baron de Meneval. *Paris, Amyot*, 1843, in-8, 2 tom. en 1 vol., dem.-v.

263. Correspondance inédite de Napoléon Bonaparte. *Paris, Panckoucke*, 1809, in-8, 7 vol., dem.-rel.

264. Mémoires de Constant, sur la vie privée de Napoléon, sa famille et sa cour. *Paris, Ladvocat*, 1830, in-8, 6 vol., dem.-rel.

265. Histoire métallique de Napoléon, par Millin et Millingen. *Paris*, 1854, in-4, pl. (74), br.

266. Histoire des négociations diplomatiques relatives aux traités de Mortefontaine, de Lunéville et d'Amiens, publ. par du Casse. *Paris*, 1857, in-8, 3 vol., br.

267. Histoire de la dernière capitulation de Paris, par le baron Ernouf. *Paris*, 1859, in-8, br.

268. Histoire de la chute des Bourbons, 1815-1830-1848, par Alb. Maurin. *Paris*, 1854, gr. in-8, portraits, 6 vol., br.

269. Histoire de mon temps, 1836-58, par le vicomte de Beaumont-Vassy. *Paris*, 1861, in-8, 4 vol., br.

270. Souvenirs numismatiques de la révolution de 1848 (par M. de Saulcy). *Paris, Rousseau*, s. d., in-4, 60 pl. tirées sur chine, en 20 livr.

---

271. De Cl. Fauchet : Origines des dignitez et magistrats de France. = Origines des chevaliers, armoiries et héraux. = Recueil de l'origine de la langue et poesie françoise, ryme et romans. *Paris, D. Leclerc*, 1610, in-4, dem.-v.

272. Histoire de l'ancienne infanterie française, par L. Susane. *Paris*, 1851, in-8, 8 vol., et atlas in-fol. de 151 pl., br.

273. Dictionnaire de l'armée de terre, par le général Bardin. *Paris, Perrotin*, s. d., in-8, 8 vol., br.

274. État actuel de la Pairie de France, par de Courcelles. *Paris*, 1826, in-4, 3 vol., br.

B. STATISTIQUE.—HISTOIRE DES VILLES ET PROVINCES,

PARTICULIÈREMENT DE BOURGOGNE.

275. Atlas physique, politique et historique de la France, par Denaix, dessiné et gravé par Wahl. *Paris, Dutacq* 1855, gr. in-fol., cart.

276. Le Théâtre des antiquitez de Paris, par le P. du Breul. *Paris*, 1639, pet. in-4, dem.-rel. (*Fatigué.*)

277. Histoire de Paris, par Touchard-Lafosse. *Paris, Dion Lambert*, 1853, gr. in-8, fig., 6 tom. en 3 vol., dem.-ch.

278. Recueil des chartes, créations et confirmations des colonels, capitaines, arbalestriers, archers, etc., de la Ville de Paris, par Hay. In-4, gr. pap., fig., mar. rou., dent., tr. dor.

279. Les Rues de Paris, ou Paris chez soi. Paris ancien et nouveau, historique, monumental et pittoresque, par P. Zaccone. *Paris, Paul Boizard, s. d.*, gr. in-8, fig., br.

280. Les Hôtels historiques de Paris, par G. Bonnefons, illustrés par Célestin Nanteuil, Bertall, Rouargue, Beaucé. *Paris, V. Lecou*, 1852, gr. in-8, br.

281. Essai d'une histoire de la paroisse de Saint-Jacques de la Boucherie, par L*** V. (l'abbé Villain). *Paris*, 1758, in-12, fig., v. m.

282. Histoire des villes de France, par Ar. Guilbert. *Paris, Furne*, 1845, gr. in-8, fig. et blasons, 2 vol., dem.-mar. rou.

   Picardie, Gascogne, Guienne, Bretagne, Touraine, Lyonnais et Béarn.

283. Versailles ancien et moderne, par Alex. de Laborde. *Paris, Everat*, 1839, gr. in-8, fig. et vign., br.

284. Histoire de la ville et du château de Saint-Germain-en-Laye. *Saint-Germain*, 1829, in-8, fig. et cartes, dem.-v.

285. Dissertation sur le traité fait entre le roy et le duc Charles touchant la Lorraine. 1662. = Mémoire pour le prince Charles de Lorraine contre Ch. Languet en 1713. = Acte de cession de la Lorraine. = Catalogue des effets précieux de S. A. R. le duc Charles de Lorraine.... *Bruxelles*, 1781, etc., in-4, dem.-rel.

286. Annales de Bourgogne, par Guil. Paradin. *Lyon*, 1566, in-fol., v. f. (*Le titre est doublé.*)

287. Les Mémoires historiques de la République séquanoise et des Princes de la Franche-Comté, de Bourgogne, par Loys Gollut, publ. par Duvernoy. *Paris*, 1856, gr. in-8, br.

288. Histoire des Ducs de Bourgongne, des Daufins de Viennois et des Comtes de Valentinois, par André Duchesne. *Paris*, 1628, in-4, v. br.

289. Histoire des Ducs de Bourgogne, par de Barante, 4e édit. *Paris, Ladvocat*, 1826, in-8, 13 vol., dem.-v. (*Bibolet.*)

290. Extrait des Mémoires servant à l'histoire des choses qui se sont passées en Bourgogne pendant la première et seconde guerre civile au temps de la détention de M^{rs} les princes et après leur liberté, envoyés à Mgr. l'archev. de Thoulouse, par le Sr Millotet, cons. du Roy au Parlem. de Bourgogne. Pet. in-fol., parch.
    Manuscrit du temps.

291. Ordonnances d'enregistrement d'armoiries, accordées à divers personnages de Bourgogne. 26 pièces sur parch., signées d'Hozier.—Plus, environ 40 blasons de familles de Bourgogne. Pet. in-fol., dem.-rel.

292. L'Histoire généalogique de la maison de Latour-Dupin, par Guy Allard, 48 pag. = Généalogie de la maison de Raincour... et de Monstier, au comté de Bourgogne. *Besançon, J. Daclin*, 1757, 2 pièces in-4, dem.-rel.

293. Généalogie de la famille de M. le cons. de Cluny. 37 pag. in-fol., dem.-rel.

294. Lettres et pièces originales concernant les rentes des tailles de la généralité de Bourgogne, 1749. In-4, dem.-rel.

295. Notes et notices chronologiques et historiques, concernant plusieurs villes de Bourgogne : particulièrement Dijon, Langres, etc. In-4, 3 vol., parch.
Manuscrit d'environ 900 pages.

296. Recueil des planches gravées d'après la collection des jetons des villes et maires de Dijon, Beaune et Auxonne, tiré du cabinet de C. Amanton, 15 pl.—Tombe de Vladislas à Dijon, par Amanton. 1832, figure, etc., in-4, dem.-v.

297. Repertorium in commentaria Barth. de Chasseneux super consuetudines Burgundiæ. *Lugd.*, 1535, in-fol., parch.

298. Environ 30 pièces sur des matières ecclésiastiques intéressant la Bourgogne, de 1650 à 1852. In-4, dem.-rel.

299. Histoire civile et ecclésiastique, ancienne et moderne de la ville et cité de Châlon-sur-Saône, par le P. Cl. Perry. *Châlons-sur-Saône*, 1619, in-fol., fig. et cartes, v. br.

300. Le Siége de la ville de Dole, par J. Boyvin. *Dole*, A. *Binart*, 1637, in-4, parch.

301. Histoire de l'Image de N.-D.-de-Bon-Espoir et de la Confrérie établie en son honneur dans l'église de N.-D. de Dijon. *Dijon*, 1777, in-12, bas.

302. Essai historique sur l'abbaye de Cluny, par Lorain. *Dijon*, 1839, gr. in 8, fig., br.

303. Recherches et Mémoires servans à l'histoire de l'ancienne ville et cité d'Autun, par S. Mvnier et Cl. Thiroux. *Dijon*, 1660, in-4, cartes et blas., dem.-rel.

304. Table du Registre des anciens fiefs et dénombrements du comté de Charollois, jusqu'en 1462. In-4.
Manuscrit daté de 1737.

305. Une Saison à Aix-les-Bains, par Am. Achard, illustrée
par Ginain. *Paris, E. Bourdin, s. d.*, gr. in-8, br.

306. Les Annales d'Aquitaine (par Jehan Bouchet). *Poic-
tiers, Jeh. et Enguilbert de Marnef*, 1545, in-fol., v. ant.,
fil., tr. dor. et ciselées.

307. Histoire des Protestants et des Églises réformées du
Poitou, par Aug. Lièvre. *Paris*, 1856, in-8, 3 vol., br.

308. Album des bords de la Loire, composé de 50 magni-
fiques gravures sur acier, tirées sur papier de chine, par
Rouargue frère. *Paris*, 1856, in-4 obl., rel. en percal.,
tr. dor.

309. Histoire architecturale de la ville d'Orléans, par de
Buzonnière. *Paris, Didron*, 1843, in-8, 2 vol., br.

310. Histoire des Ducs de Bretagne (par l'abbé Desfon-
taines). *Paris*, 1739, in-12, 6 vol., v.

311. Voyage en Bretagne, avec une histoire générale des
bagnes et l'iconographie des principaux types de forçats,
par Lepelletier de la Sarthe. *Paris, Plon*, 1853, gr. in-8,
fig., br.

312. L'Histoire et cronique de Normandie, avec la description du pays et duché de Normandie, appellée ancienne-
ment Neustrie, par Jean Nagerel. *Rouen, Martin le Mégis-
sier*, 1589, in-8, v. br.

313. Les Origines de la ville de Caen et des lieux circon-
voisins (par D. Huet). *Rouen*, 1702, in-8, v. br.

314. Les sept Siéges de Lille, par Brun-Lavainne. *Lille*,
1838, gr. in-8, plans, br.—Franchises, lois et coutumes
de la ville de Lille, par Roisin, publ. par Brun-Lavainne.
Lille, 1842, in-4, cart.

III. HISTOIRE ÉTRANGÈRE.

315. Recueil factice d'environ 150 pièces ou mémoires, la
plupart extraits de diverses publications belges, sur des

sujets variés de Philologie, de Géographie et d'Histoire intéressant particulièrement les Flandres et la Belgique, réunis en 14 vol. in-8, fig., dem.-rel.

316. La Vie et Victoires du très-illustre prince Maurice, prince d'Orange, comte de Nassau, etc. *Amst.*, 1654, in-fol., fig., v. br. (*Mouillures.*)

317. La République des Suisses, descrite en latin par Josias Simler, et nouvellement mise en françois. 1577, pet. in-8, mar. vert, fil., tr. dor.

318. Voyage pittoresque en Suisse, en Savoie et sur les Alpes, par Bégin. *Paris, Morizot*, 1852, gr. in-8, fig., cart. tr. dor.

319. Histoire de la République de Venise, par Daru, sec. édit. *Paris, F. Didot*, 1854, in-8, 8 vol., dem.-v., n. rog. (*Bibolet.*)

320. Description de la cathédrale de Milan. *Milan*, 1823, in-4, fig. (63), cart.

321. Relation du voyage d'Espagne, par mad. D*** (d'Aulnoy), sec. édit. *Lyon, Anisson*, 1693, in-12, 2 vol., parch.

322. The history of England, by Dav. Hume and Smollett. *Oxford, Talboys*, 1826, in-8, 13 vol., br.

323. Histoire d'Angleterre, par Hume et Smollett, trad. par Campenon. *Paris, Janet et Cotelle*, 1819, in-8, 22 vol., dem.-v., n. rog. (*Bibolet.*)

324. La même, par Hume et Smollett, trad. par Campenon, *Paris, Furne*, 1839-40, in-8, fig. de Tony Johannot. 13 vol., br.

325. La même, par Ol. Goldsmith, continuée par Coote et Mme Al. Aragon. *Paris, Houdaille*, 1837, gr. in-8, portr., 4 tom. en 2 vol., dem.-rel.

326. La même, par J. Lingard, trad. par le baron de Roujoux. *Paris, Parent-Desbarres*, 1844, gr. in-8, 5 vol., br.

327. Histoire de la maison de Tudor, sur le trône d'Angle-

terre, par Hume. *Amst.*, 1763, in-4, 2 vol., mar. rouge, fil., tr. dor. (*Anc. rel.*)

327 *bis*. The life of Mary, queen of Scots, drawn from the state papers by Geo. Chalmers. *London, G. Murray*, 1822, in-8, fig., 3 vol., cart.

328. The Letters and dispatches of John Churchill, first duke of Marlborough, from 1702 to 1712, edited by gen. Geo. Murray. *London*, 1845, in-8, 5 vol., cart. en percal.

329. Memoirs of lord Bolingbroke, by Geo. W. Cooke. *London, Bentley*, 1836, in-8, 2 vol., br.

330. Memoirs of Horatio, lord Walpole, by W. Coxe. *London*, 1820, in-8, 2 vol., cart.

331. Histoire de Russie, par P. Ch. Lévesque. *Paris*, 1812, in-8, 8 vol., dem.-v.

332. Histoire de la Russie, par Lamartine. *Paris, Perrotin*, 1855, in-8, 2 vol., br.

333. La Turquie chrétienne, sous la puissante protection de Louis le Grand, par de La Croix. *Paris*, 1695, in-12, bas.

334. Constantinople et la mer Noire, par Méry. *Paris, Morizot, s. d.*, gr. in-8, fig., dem.-ch.

335. Histoire et description des Iles Ioniennes, par Bory de Saint-Vincent. *Paris, Dondey-Dupré*, 1823, in-8, et atlas in-4, br.

336. Description géographique et historique de la Morée, reconquise par les Vénitiens, par le P. Coronelli. *Paris*, 1687, in-fol., fig. et cartes, v. br.

337. Recueil de divers voyages curieux faits en Tartarie, en Perse et ailleurs (par Bergeron). *Leide*, 1729, in-4, fig., 2 tom. en 1 vol., v.

338. Voyages faits en Moscovie, Tartarie et Perse, par Ad. Oléarius, trad. par de Wicquefort. *Leide*, 1718, in-fol., fig., 2 tom. en 1 vol., cuir de Russie, fil.

339. Voyages faits de Perse aux Indes Orientales, par Jean Albert de Mandelslo, trad. par de Wicquefort. *Leide*, 1719, in-fol., fig., 2 tom. en 1 vol., cuir de Russie, fil.

340. Voyages de Corneille le Brun par la Moscovie, en Perse
et aux Indes Orientales. *Amst.*, *Wetstein*, 1718, 2 vol. —
Voyage au Levant, par le même. *Delft*, 1700, 1 vol.;
ens. 3 vol. in-fol., avec environ 500 pl., v. br.

341. Vie, correspondance et écrits de Washington, précédé
d'une introduction par M. Guizot. *Paris*, *Ch. Gosselin*,
1840, in-8, 6 tomes en 3 vol., et atlas in-4, dem.-v.

342. Joa. Leonis Africani de totius Africæ descriptione
libri IX. *Antverpiæ*, 1556, in-8, vél.

343. De l'Exploration de l'Algérie : Précis de Jurisprudence
musulmane, trad. par Perron. 6 vol. — Études sur la
Kabilie, par E. Carette. 2 vol. — Hygiène, par Périer,
tome Iᵉʳ. *Paris*, *I. R.*, 1847, gr. in-8, 9 vol., br.

344. Explorations and adventures in equatorial Africa, by
P. du Chaillu. *London*, *Murray*, 1861, in-8, fig. sur bois,
cart. en percal.

345. Voyage en Nubie et en Abyssinie, de 1768 à 1773,
par J. Bruce, trad. par Castéra. *Paris*, 1790, in-4, 6 vol.,
dont atlas, dem.-v.

346. Voyage en Abyssinie, par Ferret et Galinier. *Paris*,
Paulin, 1847, gr. in-8, fig., 3 vol., br., et atlas de 56
pl., noires ou coloriées.

347. Voyage en Egypte et en Syrie, de 1783 à 1785, par
Volney, 5ᵉ édit. *Paris*, 1822, in-8, cartes, 2 vol., v. f.,
fil.

348. Malta antica, illustrata co' monumenti e coll'istoria dal
prel. Onor. Bres. *Roma*, 1816, in-4, fig., dem.-rel.

IV. BIOGRAPHIE. — HISTOIRE DE LA NOBLESSE.

349. Les Vies des hommes illustres, de Plutarque, trad. par
Amyot. 1594, in-8, 2 vol., bas.

350. Les mêmes, trad. par Dacier. *Paris*, 1721, in-4, gr.
pap., fig., 8 vol., v. m.

350 *bis.* Plutarch's lives, translated with notes, by J. and W. Langhorne. *London*, 1819, in-8, 6 vol., cart.

351. Dictionnaire historique, critique et bibliographique, par Chaudon et Delandine. *Paris*, 1812, in-8, portraits, 20 vol., bas.

352. Biographie universelle, par Weiss. *Paris*, *Furne*, 1841, gr. in-8, 6 vol., dem.-mar.

353. Histoire de madame de Sévigné, de sa famille et de ses amis, par Aubenas. *Paris*, 1842, in-8, dem.-rel.

---

354. La Science du blason, accompagnée d'un armorial général des familles nobles de l'Europe, publ. par le vicomte de Magny. *Paris*, *Aug. Aubry*, 1858, gr. in-8, blas., br.

355. Le Nobiliaire universel, recueil général des généalogies historiques des maisons nobles de l'Europe, publ. par le vicomte de Magny. *Paris*, 1855, in-4, blasons, tome II à VI, br.

356. Annuaire de la Noblesse, par Borel d'Hauterive, 1843-62, in-12, blasons, 19 vol. dem.-ch. et br.

POLYGRAPHIE.

357. M. T. Ciceronis opera. *Ludg.-Bat., ex off. Elzev.*, 1642, pet. in-12, 10 tom. en 9 vol., v.

358. OEuvres de Cicéron, trad. en franç., avec le texte en regard, par J. V. Le Clerc. *Paris*, *Lefèvre*, 1821, in-8, 30 vol., dem.-mar. rou., n. rog. (*Bibolet.*)

359. OEuvres complètes de Brantôme. *Paris*, *Foucault*, 1822, in-8, 8 vol., dem.-rel.

360. Les mêmes, publ. par Buchon. *Paris*, 1853, gr. in-8, 2 vol., br.

361. OEuvres complètes de Rollin. *Paris*, *Ledoux*, 1817, in-8, 18 vol., dem.-v., n. rog. (*Bibolet.*)

362. OEuvres de Montesquieu, avec les notes de tous les

commentateurs, édit. publ. par L. Parrelle. *Paris, Lefèvre,* 1826, in-8, cav. vél., 8 vol., dem.-rel., n. rog. (*Mouillures.*)

363. Œuvres diverses de M. Bouillet, seigneur d'Aizeray, conseiller du roy et son procureur général en sa chambre des comptes de Bourgogne et Bresse. 1755, in-fol., v. m., fil.

Manuscrit inédit d'environ 300 pages. On y trouve un mémoire sur la chevalerie ancienne.

364. Œuvres complettes de l'abbé de Voisenon. *Paris,* 1781, in-8, 5 vol., v. m.

365. Œuvres de l'abbé Millot. *Paris, Ledoux,* 1819, in-8, 12 vol., v. rac., dent.

366. Œuvres de Condillac. *Paris, Lecointe,* 1822, in-8, 16 vol., dem.-v. f. (*Bibolet.*)

367. Œuvres de Marmontel. *Paris, Verdiere,* 1819, in-8, fig., 19 vol., dem.-v., n. rog. (*Bibolet.*)

368. Œuvres de J. J. Rousseau. *Genève,* 1782, in-4, fig. de Moreau et Le Barbier, 17 vol., v. rac., fil., tr. dor.

369. Tables des Œuvres de Voltaire, édit. Renouard. 1825, 2 vol. in-8, br.

370. Œuvres de Condorcet, publ. par Condorcet O'Connor et Arago. *Paris, F. Didot,* 1847-49, in-8, 12 vol., br.

371. Œuvres complètes du baron de Stassart, publ. par Dupont Delporte. *Paris, F. Didot,* 1853, fort vol. gr. in-8, br.

372. Œuvres de V. Hugo. *Paris, Furne,* 1841-46, gr. in-8, fig., 16 vol., dem.-ch., tr. dor.

373. Œuvres complètes de Chateaubriand. *Paris, Pourrat frères,* 1832, in-8, pap. vél., 22 vol., br.

374. Opere scelte di Ferrante Pallavicino. *Villafranca,* (*Olandia, Elzev.*), 1673, pet. in-12, 9 part. en 1 vol., mar., fil., tr. dor.

375. The works of W. Robertson. *Oxford, Talboys,* 1825, in-8, 8 vol., br.

376. Lettre d'Héloïse à Abailard (et réponse), publ. par Remond de Cours). *Tours, L. Vauquier*, 1695, pet. in-8, dem.-mar,

377. Correspondance de F. Lamennais, publ. par Forgues. *Paris, Paulin*, 1859, in-8, 2 vol , br.

378. Sammlung historisch beruehmter Autographen oder Facsimilés von Handschriften beruehmter Personen alter und neuer Zeit. *Stuttgard, Becher*, 1846, in-4, cart.

———————

379. Les diverses leçons de Pierre Messie, mises de castillan en françois, par Cl. Gruget, Parisien. *Tournon*, 1604, in-8, v.

380. Les diverses leçons de Loys Guyon, Dolois. *Lyon, Cl. Morillon*, 1610, in-8, parch.

381. Les Apophthegmes, c'est-à-dire promptz, subtilz et sententieux ditz,.. de grans personnaiges tant grecz que latins, trad. par Macault. *Paris*, 1543, in-16, réglé, v., fil.

382. Gasconiana, ou les bons mots et rencontres les plus vives des Gascons. *Amst.*, 1708, pet. in-12, dem.-mar.

383. Du Trésor des pièces rares et inédites. *Paris, Aubry*, pet. in-8, cart. :
    1° La Journée des Madrigaux, publ. par E. Colombey. 1856, 1 vol.
    2° La Ruelle mal assortie, par Marguerite de Valois. 1855, 1 vol.
    3° Les Églises et Monastères de Paris aux xiii° et xiv° siècles, publ. par Bordier. 1856, 1 vol.
    4° Description de la ville de Paris au xv° siècle, par Guillebert, de Metz, publ. par Leroux de Lincy. 1855, 1 vol.

384. De la Bibliothèque gauloise, publ. par M. Delahays, 1858-61, 18 vol. in-18, pap. vél. double ou vergé, br., savoir :
    Livre des Proverbes français, 2 vol. — Cent nouvelles.—L'Hepta-

meron.—Recueil de farces et soties.—Tabarin —Dassoucy.—Fran-
cion.—Les Dames galantes, de Brantôme.—Cymbalum mundi.—
Histoire macaronique de Merlin Coccaie.—Regnier.—Desportes.—
Contes de La Fontaine.—Virgile travesti,—Paris ridicule.—Vaux de
Vire de Basselin.— Chronique de la Pucelle.

385. Bibliothèque et nouvelle bibliothèque de poche. *Paris,
Delahays*, 1855-61, 28 vol. in-12, br.

> Curiosités bibliographiques, biographiques, archéologiques, théolo-
> giques, théâtrales, historiques, etc.—Ruelles, salons, cabarets; Ninon
> de L'Enclos et sa cour, etc., etc.

386. Revue des Deux Mondes, 96 n°ˢ divers des années
1855-61.

OMISSIONS.

387. Sacra Scriptura loquens in imaginibus (germanice).
Nurnberg, Chr. Weigel, 1695, in-fol., vél.

> Cet ouvrage contient environ 800 figures.

388. Petit Carême et Sermons choisis de Massillon. *Paris,
Gavard, s. d.,* in-4, fig. sur bois, dem.-ch., tr. dor.

---

389. La Grant Somme rural, compilée par M° Jehan Bou-
tillier. *Paris, Denis Janot,* 1537, pet. in-4, goth.,
dem.-ch.

390. 21 pièces judiciaires; affaires singulières, de mœurs et
de police : Bigamie. Enfant réclamé par deux mères.
Histoire tragique du S° Mascara. Café Procope. Droits
honorifiques. Duels. Luxe, etc.

391. Affaires de la Dame de Brinvilliers, et Pennautier.
7 pièces in-4.

392. 20 Factums intéressant des noms fameux, tels que :
Benserade, Bossuet, Bussy-Rabutin, Cartouche (com-
plices de), Créqui, de Gesvres (Impuissance), Urb. Gran-
dier *(incomplet),* Lully, Mazarin (duc et duchesse de),
Rousseau (J. B.), Saint-Simon, Urfé (Anne d').

393. Les Discours de l'estat de paix et de guerre, et le
Prince de Nic. Macchiavel, trad. en françois. *Rouen, Rob.
Mallard*, 1586, in-16, mar. citr., fil., tr. dor.

394. L'Usure ensevelie ou défence des Monts de Piété, par
Jeh. Boucher. *Tournay*, 1628, pet. in-4 et 2 autres pièces
sur le même sujet.—Plus, 17 pièces imprimées et manuscrites sur les monnaies.

---

395. Amusement microscopique tant pour l'esprit que
pour les yeux, par Ledermuller. *Nuremberg*, 1764, in-4,
3 part. en 1 vol., conten. 150 pl. color., v. gr., fil.

396. La Botanique de J. J. Rousseau, ornée de 65 pl.
color. d'après Redouté. *Paris, Baudouin*, 1822, in-fol.

397. Annales de Flore et Pomone, ou Journal des jardins
et des champs, par Cels, Dalbret, etc. *Paris, Rousselon*,
1833-42, in-8, fig. color., 10 vol., dem.-v., ou en
livr.

398. Figures des Cactées en fleurs peintes et lithographiées
d'après nature, avec un texte explicatif (en allem. et en
franç.), par L. Pfeiffer et Otto. *Cassel, Fischer, s. d.*, gr.
in-4, 6 livr., 30 pl. color.

399. Monographia generis Melocacti, auct. G. Miquel.
Bonnæ, Ed. Weber, 1840, in-4, 11 pl.

400. Beitræge zur Anatomie der Cacteen, von J. Schleiden.
S. Petersburg, Ak. der Wiss., s. a., in-4, 10 pl.

---

401. Histoire amoureuse des Gaules. *S. l. n. d.*, pet.
in-12, titre gravé (la Renommée), de 244 et 12 pag.,
mar. rou., doublé de mar., tr. dor.

> Cette édition n'a pas de clef, les noms ayant été rétablis dans le
> texte. Elle a en plus que d'autres éditions, une fin de l'histoire de
> madame de Montglas, les maximes d'amour et la copie de la lettre à
> M. de Saint-Aignan.

402. OEuvres de Virgile, édition polyglotte, publ. par
Monfalcon. *Paris, Cormon*, 1838, gr. in-8, br.

403. OEuvres complètes d'Horace, édition polyglotte, publ.
par Monfalcon. *Paris*, 1834, gr. in-8, br.

404. Poésies des xve et xvie siècles, publiées d'après des
éditions gothiques et des manuscrits. *Paris, Silvestre*,
1837, in-8, goth., pap. de Holl., br.

    Tiré à cent exemplaires.—N° 52.

405. Odes, cantates, épîtres et poésies diverses de J. B.
Rousseau. *Paris, P. Didot aîné*, 1790, in-4, pap. vél.,
dem.-mar.

    Exemplaire au chiffre de la duchesse de Berri.

406. OEuvres de Delille. *Paris, F. Didot*, 1840, gr. in-8,
v. rose, fil., tr. dor.

407. Némésis, et Journées de la Révolution, par Barthé-
lemy. *Paris, Perrotin*, 1835, in-8, fig. de Raffet et de
Tony Johannot, 3 vol., dem.-v.

408. Jocelyn, épisode, par Alph. de Lamartine. *Paris, Ch.
Gosselin*, 1836, in-8, 2 vol., br.

    1re édition.

409. The Works of Rob. Burns, with an account of his life
and observations on the character and condition of the
scottish peasantry. *London, Cadell*, 1813, 4 vol. — Reli-
ques of Rob. Burns. *Ib.*, 1813, 4 vol.; ens. 5 vol. in-8,
fig. de Stothard, v. fil.

410. The Works of lord Byron. *London, Murray*, 1821,
in-12, 5 vol., mar. bl., dent., tr. dor.

411. OEuvres de Molière, avec un commentaire, par Petitot.
Paris, Aillaud, 1821, in-8, 6 vol., br.

412. Les mêmes, avec des notes, par Simonnin. *Paris,
Mame*, 1825, gr. in-8, pap. vél., v. f., orn. à fr., tr. dor.

413. Nuova raccolta di commedie e farse di vari autori.
Livorno, 1834, in-18, 8 vol., br.

---

414. Lesage's historical, genealogical, chronological and
geographical Atlas. *London*, 1818, in-fol., 37 ff.,
dem.-rel.

415. Archives des Missions scientifiques et littéraires, choix de rapports et instructions. *Paris, Imp. Nat.*, 1850, in-8, 6 vol., cart.

416. Extraits des procès-verbaux des séances du Comité historique des monuments écrits. *Paris, Imp. Nat.*, 1850, in-8, cart.

417. Bulletin du Comité historique des monuments écrits de l'histoire de France. *Paris*, 1847-54, in-8, cart.

    1° Bulletin archéologique, 4 vol.

    2° Histoire. — Sciences. — Lettres, 4 vol.

    3° Archéologie. — Beaux-Arts, 4 vol.

    4° Bulletin du Comité de la langue, de l'histoire et des arts de la France, 4 vol.

418. Collection des documents inédits sur l'Histoire de France, savoir :

    Rapports au Roi et au Ministre, 2 vol.

    Archives de la ville de Reims, 8 vol.

    Captivité du roi François Ier, 1 vol.

    Chronique de Bertrand du Guesclin, 2 vol.

    Chronique du Religieux de Saint-Denis, 6 vol.

    Correspondance de Sourdis, 3 vol.

    Correspondance administrative sous Louis XIV, 4 vol.

    Croisade contre les Albigeois, 1 vol.

    Histoire du Tiers Etat en France, 3 vol.

    Journal des États Généraux tenus à Tours, 1 vol.

    Lettres de rois, reines et autres personnages des cours de France et d'Angleterre, 2 vol.

    Livre de justice et de plet. 1 vol.

    Mélanges historiques ou documents historiques extraits de la Bibliothèque impériale, 4 vol.

    Mémoires militaires relatifs à la succession d'Espagne, par le gén. Pelet, 10 vol. et 7 livraisons d'atlas.

    Négociations de la France dans le Levant, 3 vol.

    Négociations entre la France et l'Autriche, 2 vol.

    Négociations relatives à la succession d'Espagne, 4 vol.

Négociations, lettres et pièces diverses, relatives au règne de François II, 1 vol.

OEuvres inédites d'Abélard, 1 vol.

Mémoires de Claude Haton, 2 vol.

Procès-verbaux des États Généraux de 1593, 1 vol.

Procès-verbaux du Conseil de Régence de Charles VIII, 1 vol.

Les Quatre livres des rois, 1 vol.

Lettres de Henri IV, 7 vol.

Règlements sur les Arts et Métiers, 1 vol.

Correspondance et papiers du cardinal de Richelieu, 2 vol.

Papiers d'État du cardinal de Granvelle, 9 vol.

Paris sous Philippe le Bel, 1 vol.

Iconographie chrétienne, 1 vol.

Monographie de la cathédrale de Chartres, 7 livraisons.

Monographie de l'église de Noyon, 1 vol. et atlas.

Statistique monumentale de Paris, 33 livraisons.

Comptes des dépenses de la construction du château de Gaillon, 1 vol. et atlas.

Instructions sur l'Architecture monastique, 2 vol.

Ce numéro sera divisé.

419. Histoire du donjon et du château de Vincennes, depuis leur origine, par J. B. N*** (Nougaret, revue par Alph. de Beauchamp). *Paris*, 1814, in-8, fig., 3 vol., br.

420. Histoire de la province d'Alsace, depuis César jusqu'à Louis XV, par le P. Louis Laguille. *Strasbourg*, 1727, in-fol., dem.-rel., n. rog.

421. History of England, by Hume and Smollet. *London*, *Richardson*, 1820, in-8, 18 vol., br.

422. Bibliothèque américaine, ou catalogue des ouvrages relatifs à l'Amérique, par Ternaux-Compans. *Paris*, 1837, in-8, br.

423. Voyages, relations et mémoires originaux, pour servir à l'histoire de la découverte de l'Amérique, publ. par

Ternaux-Compans. *Paris, A. Bertrand,* 1837, in-8,
6 vol., br.

Alvar Nunez Gareça de Vaga, 1 vol. — Nic. Federmann le jeune,
1 vol. — Fr. Xeres, 1 vol. — Ulr. Schmidel de Straubing, 1 vol. — Hans
Staden de Homberg, 1 vol. — Pero de Magalanès de Gandavo, 1 vol.

424. OEuvres de Voltaire. *Paris, Desoer,* 1817, in-8, pap.
vél., tom. 1 à 12, en 24 vol., br.

425. Lettres de mesdames de Villars, de Lafayette, de Tencin, de Coulanges, etc. *Paris, Léop. Collin,* 1806, in-12,
3 tom. en 2 vol., v., fil.

---

426. Pièces concernant les universités d'Angers, Avignon,
Besançon, Bourges, Caen, Orléans, Poitiers, Reims, Toulouse et les colléges d'Amiens, la Flèche, Tours, etc.

427. Histoire littéraire d'Italie, par Ginguené, 2 édit. *Paris,*
1824, in-8, 9 vol., dem.-v.

428. Mélanges d'histoire littéraire, par Guill. Favre,
recueillis par Adert. *Genève,* 1856, gr. in-8, 2 vol., dem.-
mar. rou.

429. Histoire des quarante fauteuils de l'Académie françoise,
1635-1855, par Tyrtée Tastel. *Paris, Comon,* 1855,
in-8, 4 vol., br.

430. Le Quérard. Archives d'histoire littéraire, de biographie et de bibliographie françaises, 1855-56. *Paris,* 1855-
56, in-8, 2 vol., br.

431. Annuaire de la Bibliothèque royale, en Belgique, publ.
par le bar. de Reiffenberg. *Bruxelles,* 1840-45, in-18,
fig., 6 vol., br.

---

432. ATLAS DIDACTIQUE DE GÉOGRAPHIE GÉNÉRALE et élémentaire, ancienne ou classique, du moyen âge et moderne,
dressé et gravé par Ambroise Tardieu sous la direction
de M. Letronne, membre de l'Institut.

Cet ouvrage inachevé devait se composer de trois

parties pouvant se séparer et former un enseignement gradué. La première partie seule est terminée :

Cette première partie, ayant pour titre : GÉOGRAPHIE GÉNÉRALE ET ÉLÉMENTAIRE se compose :

De huit cartes accompagnées chacune de notices gravées sur les cartes mêmes rédigées par M. Letronne, savoir : 1° Mappemonde en deux hémisphères ; — 2° Europe ; — 3° Asie ; — 4° Afrique ; — 5° Amérique septentrionale ; — 6° Amérique méridionale ; — 7° Océanie ; — 8° France en départements. Les dites cartes reportées des huit planches gravées sur cuivre par A. Tardieu sur huit pierres. (5 de 16/20 et 3 de 14/18).

202 exemplaires cartonnés ;

Et 1,934 feuilles détachées environ, dont 724 sont coloriées.

La deuxième partie, non terminée, devait porter le titre de GÉOGRAPHIE ANCIENNE et se composer de 12 cartes avec 8 plans de villes anciennes et 6 plans de batailles.

La troisième partie, traitant de la GÉOGRAPHIE DU MOYEN AGE ET ACTUELLE, devait se composer de 20 cartes.

Il n'existe de ces deux dernières parties que 21 cartes, la plupart non terminées, gravées sur cuivre par A. Tardieu, et dont on n'a tiré que des épreuves de l'état des cuivres ; ces cartes sont : 1° Monde connu des anciens ; 2° Systèmes géographiques des anciens, selon : Homère, Hérodote, Eratosthène, Strabon et Ptolémée (ces 5 cartes sur le même cuivre) ; — 3° Egypte ancienne et Gaule (ces 2 cartes sur le même cuivre) ; 4° Grèce ancienne ; — 5° Italie ancienne ; — 6° Empire d'Alexandre ; — 7° Empire romain ; — 8° Asie occidentale ancienne ; — 9° Géographie de la Terre sainte, royaume d'Hérode, et Terre de Chanaan (ces 3 cartes sur le même cuivre) ; — 10° *Plans pour l'intelligence de l'histoire ancienne :* Ruines d'Athènes, plan comparatif de l'emplacement de Carthage, Syracuse, et plan de la plaine d'Olympie (ces 4 cartes sur le même cuivre) ; — 11° Bataille de Marathon, combat naval de Salamine, bataille de Platée, bataille de Zama, bataille de Cannes, et bataille de Cunaxa (ces 6 cartes sur le même cuivre) ; — 12° Rome, Tyr et ses environs, Byzance et Constantinople, Alexandrie ancienne et Alexandrie actuelle (ces 5 cartes sur le même cuivre) ; — 13° Plaine d'Olympie et ports d'Athènes (ces 2 cartes sur le même cuivre) ; — 14° Enfin huit cuivres contenant 9 cartes sans aucun titre, ni désignation.

Ensemble, environ 40 cuivres, 8 pierres, 202 atlas (1re partie) et quantité de cartes séparées.

Nota. Le plan de cet ouvrage si savamment conçu, et dont les éléments, d'ailleurs, sont suffisamment indiqués par M. Letronne, donneront moyen, à l'éditeur qui s'en rendra adjudicataire, de pouvoir faire terminer un atlas qui, jusqu'ici, manquait à l'enseignement des hautes études géographiques.

Paris.— Imprimé chez Bonaventure et Ducessois, 55, quai des Augustins.